SYLLABAIRE

DES

ÉCOLES CHRÉTIENNES

Tout Exemplaire qui ne sera pas revêtu des trois signatures ci-dessous, sera réputé contrefait.

Les Éditeurs,

SYLLABAIRE

DES

ÉCOLES CHRÉTIENNES

ET

RÈGLEMENT

POUR LES ENFANTS QUI LES FRÉQUENTENT .

APPROUVÉ

PAR LE CONSEIL DE L'INSTRUCTION PUBLIQUE

Le 6 décembre 1836

CHEZ LES ÉDITEURS

TOURS

ALFRED MAME ET FILS

Imprimeurs-Libraires

PARIS

Vᵉ POUSSIELGUE ET FILS

Rue Cassette, 27

1866

Les ouvrages suivants, par F. P. B., se trouvent aux mêmes adresses.

O CRUX, AVE!

1

A B C

D E F G H

I J K L M N

O P Q R S T

U V X Y Z

Æ Œ W.

✠ a b c d
e f g h i j k
l m n o p q
r s t u v x y
z æ œ ff fi
ffi fl ffl w.

PREMIÈRE PARTIE

a	b	c	d	e	f	A	B	C	D	E	F
g	h	i	j	k	l	m	G	H	I	J	K	L	M
n	o	p	q	r	s	N	O	P	Q	R	S
t	u	v	x	y	z	T	U	V	X	Y	Z

Voyelles : a e é è (1) i o u y

Consonnes : b c d f g h j
k l m n p q r s t v x z

(1) Ne faites pas nommer les accents.

Exercices sur les Voyelles et les Consonnes
simples.

ab, il, or, ut, ed, af,

el, op, us, al, ep, ir,

ba, je, vo, du, mi, ra,

le, no, pu, si, fa, xe,

to, vu, xi, ma, bé, ni,

pa, ki, né, do, su, na,

mé, ri, fo, ju, ta, te,

lo, vu, xa, ze, sa, nu.

Voyelles et Consonnes composées.

au, eu, ou, ai, ay (1), eau,

heu, œu, oi, oy, ei, ey,

an, en, on, om, em,

am, un, um, in, im,

aim, ain, ein, eun, ail,

eil, ouil, euil, cha, gna,

pha, che, gne, phe, cho,

gno, phi, chu, gnu.

(1) Faites prononcer ay *ai-i,* oy *oua-i,* ey *ei-i.*

Exercices sur les Voyelles et les Consonnes composées.

bau , deu , mou , lai , pay,

veau . moi , voy, puy, san,

bon . loin , len , jou ,

faim , main , tein , join ,

dou . fau , sail , phra ,

chair , gnol, teil , phar,

cham , gneul, nouil, phré,

char, gneau , douil , phla ,

chou , gnon.

Consonnes variables.

ca, ac, ça, cé, ec, ci, ic,

co, ço, oc, cu, çu, uc,

ga, go, ge, eg, gi, ig,

cre, cer, chré, cher,

gle, gel, gre, ger,

ac-ti-ver, ac-ti-on, ro-se,

do-se, an-se.

Exercices sur les Consonnes variables:

cas-ca-de, con-com-bre,

fa-ça-de, le-çon, re-çu,

ga-ge, gi-gan-tes-que,

cher-che, chi-che, choir,

gré-goi-re, ger-main,

gla-çon, ge-lé, ge-nou,

na-tion, mar-tial, po-se,

o-se, cou-su.

SECONDE PARTIE

✝ Au nom du Père, et du Fils, et du Saint-Esprit. Ainsi soit-il.

L'Oraison Dominicale.

NO-TRE Pè-re, qui ê–tes aux cieux, que vo-tre nom soit sanc-ti-fi-é ; que vo-tre rè-gne ar-ri-ve ; que vo-tre

vo - lon - té soit
fai - te en la ter-
re com - me au
ciel : don - nez -
nous au - jour -
d'hui no — tre
pain quo - ti - di -
en ; par - don -
nez - nous nos of-
fen — ses, com — me

nous par-don-
nons à ceux qui
nous ont of-fen-
sés ; et ne nous
lais-sez pas suc-
com — ber à la
ten-ta-tion; mais
dé-li-vrez—nous
du mal. Ain-si
soit-il.

La Salutation Angélique.

JE vous sa-
lue , Ma – rie ,
plei-ne de grâ-
ce, le Sei-gneur
est a-vec vous :
vous ê-tes bé-
nie en-tre tou-

tes les fem-mes,
et Jé-sus, le fruit
de vos en-trail-
les, est bé-ni.

Sain-te Ma-rie,
Mè-re de Dieu,
pri-ez pour nous,
pau — vres pé —
cheurs, main-te-
nant et à l'heu-

re de no — tre
mort. Ain-si soit-
il.

Le Symbole des Apôtres.

JE crois en
Dieu, le Pè-re
tout - puis - sant,
Cré - a - teur du
ciel et de la ter-
re, et en Jé-sus-

Christ son Fils u-ni-que, no-tre Sei – gneur, qui a é-té con-çu du Saint – Es – prit, est né de la Vier-ge Ma-rie, a souf-fert sous Pon-ce-Pi-la-te, a é-té cru-ci-fi-é,

est mort et a
é-té en-se-ve-li,
est des-cen-du
aux en-fers, le
troi-si-è-me jour
est res-sus-ci-
té des morts;
est mon-té aux
cieux, est as-sis
à la droi-te de

Dieu le Pè – re
tout – puis - sant ,
d'où il vien – dra
ju-ger les vi-vants
et les morts.

Je crois au
Saint – Esprit , la
sain-te É-gli-se
ca – tho – li – que ,
la com-mu-ni-on

des Saints , la
ré-mis-si-on des
pé-chés , la ré-
sur-rec-ti-on de
la chair , la vie
é-ter-nel-le. Ain-
si soit-il.

La Confession des Péchés.

JE con-fes-se
à Dieu tout —

puis - sant , à la
bien - heu - reu - se
Ma-rie tou-jours
vier-ge , à saint
Mi — chel Ar —
chan-ge, à saint
Jean — Bap-tis-te ,
aux A - pô - tres
saint Pier-re et
saint Paul , à

tous les Saints,
et à vous, mon
Pè-re, que j'ai
beau-coup pé-
ché, par pen-
sé-es, par pa-ro-
les, par ac-ti-ons
et par o-mis-si-
ons : c'est ma
fau-te, c'est ma

fau‑te, c'est ma
très – gran – de
fau – te. C'est
pour‑quoi je sup‑
plie la bien‑heu‑
reu – se Ma – rie
tou – jours vier‑
ge , saint Mi‑
chel Ar‑chan‑ge ,
saint Jean‑Bap‑

tiste, les A-pô-
tres saint Pier-
re et saint Paul,
tous les Saints,
et vous, mon
Pè-re, de pri-er
pour moi le
Sei - gneur no -
tre Dieu.

QUE le Dieu

tout – puis – sant nous fas – se mi-sé-ri-cor-de, qu'il nous par-don-ne nos pé-chés, et nous con-dui-se à la vie é-ter-nel – le. Ain – si soit – il.

QUE le Seigneur tout-puis-sant et mi-sé-ri-cor-di-eux nous ac-cor-de l'in-dul-gen-ce, l'ab-so-lu-ti-on et la ré-mis-si-on de nos pé-chés. Ain-si soit-il.

ACTES DES VERTUS THÉOLOGALES

Acte de Foi.

MON Dieu, je crois fer – me – ment tout ce que la sain – te É-gli-se ca-tho-li-que, a-pos-to-li-que et ro-mai-ne m'or-don-ne

de croi-re , par-
ce que c'est vous,
ô vé-ri-té sou-
ve-rai-ne ! qui le
lui a-vez ré-vé-lé.

Acte d'Espérance.

MON Dieu ,
j'es-pè-re , a-vec
u-ne fer-me
con-fi-an-ce , que

vous me don-
ne-rez, par les
mé-ri-tes de Jé-
sus-Christ, vo-
tre grâ-ce en ce
mon-de, et, si
j'ob-ser-ve vos
Com-man-de-
ments, vo-tre
gloi-re en l'au-

tre , par-ce que
vous me l'a-vez
pro-mis , et que
vous ê-tes sou-
ve-rai-ne-ment
fi-dè-le dans vos
pro-mes-ses.

Acte de Charité.

MON Dieu , je
vous ai-me de

tout mon cœur, de tout mon esprit, de tou-te mon â-me, de tou-
tes mes for-ces, et par-des-sus tou-tes cho-ses, par-ce que vous ê-tes in-fi-ni-ment bon, in-

fi-ni-ment ai-
ma-ble, et j'ai-
me aus-si mon
pro-chain com-
me moi-mê-me
pour l'a-mour
de vous.

Acte de Contrition.

Mon Dieu, j'ai
un ex-trê-me

re-gret de vous
a-voir of-fen-sé,
par-ce que vous
ê-tes in-fi-ni-
ment bon, in-
fi-ni-ment ai-
ma-ble, et que
le pé-ché vous
dé-plaît; par-
don-nez-moi

par les mé – ri –
tes de Jé–sus–
Christ ; je me
pro-po-se, moy-
en–nant vo–tre
sain–te grâ–ce,
de ne plus vous
of–fen–ser et de
fai-re pé–ni-ten-
ce.

AVIS

A UN ENFANT CHRÉTIEN.

1. DIEU a cré-é tout
ce qui est dans le ciel
et sur la ter-re, les
cho-ses vi-si-bles et les
in-vi-si-bles, les gran-
des et les pe-ti-tes.

2. Il é-tait a-vant
tou-tes cho-ses, et tou-

tes cho-ses ont é-té fai-tes par lui.

3. Il est bon pour tous, et sa mi-sé-ri-cor-de s'é-tend sur tou-tes ses œu-vres.

4. Dieu re-gar-de du haut des cieux, et tous les hom-mes sont en sa pré-sen-ce.

5. Vous ai-me-rez le Sei-gneur vo-tre Dieu de tout vo-tre cœur, de tou-te vo-tre â-me

et de tou-tes vos for-
ces. Vous n'a-do-re-rez
et ne ser-vi-rez que
lui seul.

6. Crai-gnez Dieu
et ob-ser-vez ses com-
man-de-ments, car
c'est là tout l'hom-me.

7. Ne so-yez pas
sa-ge à vos pro-pres
yeux; crai-gnez Dieu
et é-loi-gnez-vous du
mal.

8. La crain-te de

2

Dieu est le com-men-ce-ment de la sa-ges-se.

9. La crain-te du Sei-gneur chas-se le mal de no-tre cœur : elle ins-pi-re la pen-sée du bien.

10. En tou-tes cho-ses, é-le-vez vos pri-è-res à Dieu, a-fin qu'il vous di-ri-ge dans le che-min de la ver-tu.

11. Dès le ma-tin, le sa-ge é-lè-ve son cœur à Dieu; il se place en sa pré-sen-ce, et lui ou-vre son cœur.

12. Les yeux du Sei-gneur se re-po-sent sur l'hom-me jus-te, et il en-tend ses pri-è-res.

13. Ho-no-rez vo-tre pè-re et vo-tre mè-re, a-fin de vi-vre long-temps sur la ter-re.

14. Ce-lui qui mé-pri-se son pè-re et sa mè-re se-ra plon-gé dans les té-nè-bres.

15. Dans vos ac-ti-ons, dans vos pa-ro-les, dans tout ce que vous fai-tes, ho-no-rez vo-tre pè-re, a-fin que sa bé-né-dic-ti-on des-cen-de sur vous, et qu'el-le re-po-se à ja-mais sur vo-tre tê-te.

16. Un fils sa-ge

fait la joie de son pè-re ; un fils é-ga-ré est le cha-grin de sa mè-re.

17. Si vous a-vez un ser-vi-teur fi-dè-le, qu'il soit com-me un au-tre vous-même.

18. Que le sa-lai-re de l'ou-vrier ne res-te pas chez vous jus-qu'au len-de-main.

19. Ne fai-tes pas aux au-tres ce que

vous ne vou-dri-ez pas
qu'on vous fît.

20. Fai-tes l'au-mô-ne
de vo-tre bien, et ne
dé-tour-nez vo-tre vi-
sa-ge d'au-cun pau-vre.

21. A-voir pi-tié des
pau-vres, c'est prê-ter
à Dieu. Dieu ac-quit-
te-ra cet-te det-te.

22. Ce-lui qui don-
ne-ra au mal-heu-reux
un ver-re d'eau seu-
le-ment pour le dés-

al-té-rer, re-ce-vra sa
ré-com-pen-se.

23. Don-nez, et l'on
vous don-ne-ra; fai-tes
bon-ne me-su-re aux
au-tres, car on se ser-
vi-ra pour vous de la
mê-me me-su-re dont
vous au-rez fait u-sa-ge
en-vers eux.

24. Vi-vez en paix,
si ce-la se peut, et
au-tant qu'il est en
vous, a-vec tou-tes

sor-tes de per-son-nes.

25. Ne ren-dez pas le mal pour le mal, ni l'in-ju-re pour l'in-ju-re. Ne vous ven-gez qu'en fai-sant du bien.

26. Re-te-nez vos pa-ro-les : se ren-dre maî-tre de sa lan-gue, c'est s'é-par-gner de grands cha-grins.

27. Ce-lui qui mé-dit en se-cret res-sem-ble au ser-pent

qui mord dans le si-
len-ce.

28. Ne men-tez ja-
mais, et ne trom-pez
pas vo-tre pro-chain
par vos dis-cours.

29. Le men-son-ge ne
se pla-ce que sur les
lè-vres du mé-chant.

30. Un a-mi fi-dè-le
est un pro-tec-teur;
ce-lui qui l'a trou-vé
a trou-vé un tré-sor.
Il n'est rien qu'on

puis-se com-pa-rer à un a-mi fi-dè-le ; l'or et l'ar-gent ont moins de prix.

31. So-yez fi-dè-le à vo-tre a-mi dans la pau-vre-té, a-fin de pou-voir vous ré-jou-ir a-vec lui dans sa pros-pé-ri-té.

32. Le-vez-vous de-vant ce-lui dont les che-veux ont blan-chi, et ho-no-rez les vieil-lards.

33. L'hom - me est né pour tra - vail - ler, com - me l'oi - seau pour vo - ler.

34. La pau-vre-té est la com-pa-gne de la pa-res-se ; le tra-vail pro-duit l'a-bon-dan-ce.

35. Pa-res-seux, con-tem - ple la four-mi , con-si - dè - re ses tra-vaux, et ap-prends la sa - ges - se : el - le n'a point de chef, ni de

maî-tre, ni de prin-ce ;
ce-pen-dant ne vois-tu
pas com-me el-le s'ap-
pro-vi-si-on-ne pen-
dant l'é-té, et ras-sem-
ble, dans la mois-son,
sa nour-ri-tu-re de
l'hi-ver ? Pa-res-seux,
jus-ques à quand dor-
mi-ras-tu ? Quand sor-
ti-ras-tu de ton as-sou-
pis-se-ment ?

36. Ne pro-met-tez
pas au de-là de ce que

vous pou-vez te-nir; sou-vent, pour s'ê-tre trop en-ga-gé dans les pro-mes-ses, on s'est per-du, et l'on s'est ex-po-sé com-me sur u-ne mer a-gi-tée par les flots. O-bli-gez les au-tres se-lon vos for-ces, et ne vous ex-po-sez pas à tom-ber a-vec eux.

37. Le cœur de l'im-pru-dent est com-

me un va - se bri - sé,
il ne peut con - te - nir
la sa - ges - se. Il mé-
pri - se la sci - en - ce et
l'ins - truc - ti - on. Il est
mo - bi - le com - me la
roue d'un char.

38. Dieu ré - sis - te aux
su - per - bes, et don - ne sa
grâ - ce aux hum - bles.

39. Ce - lui qui s'é-
lè - ve se - ra a - bais - sé;
ce - lui qui s'a - bais - se
se - ra é - le - vé.

40. Que vo-tre é-lo-ge soit dans la bou-che des au-tres, et non dans la vô-tre.

41. L'in-tem-pé-ran-ce a-bré-ge sou-vent nos jours; la so-bri-é-té les pro-lon-ge.

42. Jé-sus-Christ a dit : « Ve-nez à moi, « vous tous qui souf-« frez, et qui ê-tes ac-« ca-blés de far-deaux, « et je vous sou-la-« ge-rai. »

43. La pas-si-on de l'or con-duit au mal-heur, et l'é-clat dont il bril-le est u-ne cau-se de rui-ne.

44. Peu, a-vec la crain-te du Sei-gneur, vaut mieux que des tré-sors dont on ne peut pas se ras-sa-si-er.

45. Les tré-sors a-mas-sés par l'in-jus-ti-ce sont com-me le feu dans la mai-son

du mé - chant ; ils la
dé - vo - rent.

46. Tou-te sa - ges-se
vient de Dieu seul ;
el - le é - tait en lui de
tou-te é - ter - ni - té.

47. Dieu ne dé - si - re
pas la mort du mé-
chant ; il de - man - de
qu'il se con - ver - tis-se
et qu'il vi - ve.

48. Il y au - ra plus
de joie dans le ciel
pour un cou - pa - ble

re - pen - tant que pour
qua - tre - vingt - dix - neuf
jus - tes qui ne se se-
ront pas é - ga - rés.

49. Heu - reux l'hom-
me qui ne se lais-se
pas en - traî - ner aux
con - seils des mé-
chants , et qui ne
mar - che pas sur leurs
tra - ces , mais qui met
tou - te sa vo - lon - té
dans la loi de Dieu ,
et qui la mé - di - te

jour et nuit. Il se-ra
com-me l'ar-bre plan-
té sur le bord d'u-ne
eau cou-ran-te, et qui
se cou-vre de fruits
quand la sai-son est
ve-nue.

50. Les â-mes des
jus-tes sont dans la
main de Dieu. Leurs
souf-fran-ces ont é-té
lé-gè-res, leurs ré-
com-pen-ses se-ront
gran-des.

TROISIÈME PARTIE.

—

PRÉCIS

DE LA DOCTRINE CHRÉTIENNE.

L'affaire la plus importante que l'homme ait sur la terre est de connaître Dieu, et de se connaître lui-même, c'est-à-dire, de savoir ce qu'il est, ce qu'il deviendra après sa mort, et ce qu'il doit faire pour être heureux; en un mot, de savoir la religion et de vivre selon ses enseignements.

Il n'y a qu'un Dieu subsistant en trois personnes, le *Père*, le *Fils*, et le *Saint-Esprit*; et c'est ce qu'on appelle le mystère de la *Très-Sainte Trinité.*

Dieu est un pur Esprit; il est éternel, infini, indépendant et immuable; il est présent partout, il voit tout, il peut tout, etc.

Dieu, qui n'a point eu de commencement, a fait commencer, quand il lui a plu, le temps et le monde, les anges et les hommes.

Il a créé toutes choses par sa volonté et pour sa gloire, et il les gouverne par sa sagesse.

Dieu créa le monde en six jours, et termina l'œuvre de la création par Adam, le premier homme, et par Ève, la première femme.

Les *anges* et les *hommes*

sont les créatures les plus parfaites; Dieu les a créés pour les rendre heureux en se communiquant à eux.

Entre les anges, les uns sont toujours demeurés attachés à Dieu ; ils jouissent de sa présence et sont comme les ministres et les exécuteurs de ses ordres. Les autres, qu'on appelle *démons*, se sont séparés de Dieu par leur orgueil, et sont condamnés à des supplices éternels; ils tentent les hommes, afin de les entraîner dans l'inimitié de Dieu, et de là dans le malheur éternel.

L'homme, créé à l'image de Dieu, et composé d'un corps et d'une âme, était, aussi bien que les anges, destiné à une félicité sans bornes ; créé dans l'innocence et la sainteté, il connaissait ses devoirs et avait une grande facilité à les accomplir. S'il s'était maintenu dans cet état, son âme aurait été maîtresse de ses passions, et il n'aurait été

assujéti ni aux infirmités ni
à la mort.

Placés dans le paradis ter-
restre, nos premiers parents
commençaient à goûter les
délices pour lesquelles ils
étaient créés; mais, au lieu
de suivre les lumières de
leur esprit et le penchant
de leur cœur, Ève se laissa
tromper par le démon, et désobéit à Dieu en mangeant
du fruit dont l'usage leur
avait été défendu; Adam sui-
vit l'exemple de sa femme,

2*

et, pour lui plaire, il désobéit à Dieu.

Par cette désobéissance nos premiers parents se rendirent malheureux, eux et leurs descendants, auxquels ils communiquèrent leur péché et ses suites, qui sont l'ignorance, l'inclination au mal, l'inimitié de Dieu, les misères de la vie, et la nécessité de mourir.

Adam et Ève méritaient, comme les anges rebelles, les supplices de l'enfer; mais Dieu voulut bien leur donner du temps pour faire pénitence et leur promit un Rédempteur.

Cependant les enfants d'Adam et d'Ève se multiplièrent beaucoup ; mais bientôt ils abandonnèrent le culte du Seigneur et tombèrent dans toutes sortes de déréglements. Pour les punir, Dieu envoya un déluge universel qui les fit tous périr, excepté Noé, sa femme et leurs enfants, destinés à repeupler le monde.

Les nouveaux peuples ne

tardèrent pas à imiter les anciens, et ils devinrent encore plus méchants ; Dieu les abandonna enfin à leur propre malice , et choisit Abraham et sa famille pour s'en faire un peuple de fidèles adorateurs.

Pour combler ce patriarche de ses grâces, il lui promit de nouveau le Sauveur du monde, qui devait naître de sa race , et par lequel toutes les nations, après s'être longtemps égarées, devaient embrasser la voie de la pénitence.

Dieu confirma l'alliance qu'il avait faite avec Abraham; il renouvela ensuite à Isaac, fils d'Abraham, et à Jacob, son petit-fils, la promesse du Messie qui devait venir, et donna le nom d'Israël à Jacob. Abraham, Isaac et Jacob vécurent dans la Palestine, sans y avoir de demeure fixe. Leur vie était simple et laborieuse; ils nourrissaient de grands troupeaux. Dieu bénissait leur

travail, parce qu'ils le ser-
vaient; et ils étaient respec-
tés des princes et des habi-
tants du pays.

Jacob eut douze enfants,
qu'on appelle les douze patriarches, c'est-à-dire les
premiers pères des Israélites, et la tige de leurs douze
tribus. Telle fut l'origine
des Israélites, qu'on appelle
aussi les Hébreux.

Une famine universelle
obligea Jacob à quitter la
terre de Chanaan pour se
retirer avec ses enfants dans

l'Égypte, où tout abondait par la prévoyance de Joseph, un des fils de Jacob, et celui qu'il aimait le plus.

Joseph avait été vendu par ses frères à des marchands égyptiens, et son père l'avait pleuré comme mort; mais Dieu l'avait conservé miraculeusement, et Pharaon, roi d'Égypte, lui avait donné tout pouvoir dans son royaume.

Jacob, reçu en Égypte par ce moyen, s'y établit avec sa famille; et là, près d'expirer, il bénit ses enfants chacun en particulier. Parmi tous ces enfants, Juda devait être le plus célèbre. C'était du nom de Juda que la Palestine devait un jour tirer son nom, et s'appeler la Judée.

De ce même nom tous les Hébreux devaient aussi un jour être appelés Juifs. Jacob, en bénissant Juda, lui annonça la gloire de sa postérité, et lui promit que le Messie, l'attente des nations, sortirait de sa race.

La famille de Jacob devint

un grand peuple. Elle conserva la loi des patriarches, et servit le Dieu d'Abraham, d'Isaac et de Jacob, que l'Égypte, plongée dans l'idolâtrie, ne connaissait pas.

Cependant un autre Pharaon monta sur le trône, et ne se souvint plus des services de Joseph. La jalousie de ce prince et de tous ses sujets leur fit prendre la résolution d'exterminer tous les Hébreux.

Dieu les sauva de leurs mains, sous la conduite de

Moïse, par des prodiges inouïs. L'Égypte fut frappée de dix terribles fléaux, qu'on appelle les dix plaies de l'Égypte. L'eau des rivières fut changée en sang ; des insectes piquants et rongeurs remplirent toutes les maisons, et ne laissaient aucun repos aux Égyptiens ; Dieu envoya la mortalité et des ulcères terribles sur les hommes et sur les animaux ; la grêle ravagea les moissons, dont les restes furent dévorés par des sauterelles qui couvraient la face de la terre ; toute l'Égypte fut couverte de ténèbres épaisses ; enfin Dieu envoya son ange, qui, en une nuit, fit mourir tous les premiers-nés des Égyptiens, depuis le fils du roi assis sur son trône, jusqu'au fils de la servante. Alors Pharaon écouta la voix de Dieu et laissa sortir les Israélites. La mer Rouge s'ouvrit devant eux pour leur faire un passage, et un peu après ils virent flotter sur les eaux les corps des soldats de toute l'armée de Pharaon ; pas un ne fut sauvé. C'est que Pharaon s'était repenti d'avoir obéi à Dieu et s'était mis injustement à leur poursuite.

Peu après que les Hébreux furent entrés dans le désert par lequel ils devaient passer pour entrer dans la terre promise, Dieu leur apparut sur le mont Sinaï avec un étonnant appareil de majesté et de puissance, au milieu des éclairs et des tonnerres. Il écrivit de son doigt, sur deux tables de pierre, les dix commandements qu'on appelle le Décalogue, et leur donna la loi sous laquelle ils devaient vivre dans la terre de Chanaan jusqu'à la venue du Messie. Les Hébreux, infidèles aux ordres de Dieu, tombèrent dans l'idolâtrie et dans toutes sortes de déréglements. Pour les en punir, Dieu les condamna à errer pendant quarante ans dans le désert. Il ne les abandonna cependant pas ; au contraire, il les nourrit de la manne, fit sortir de l'eau d'un rocher, les défendit des ardeurs du soleil par une nuée qui les suivait, etc.

Le temps étant arrivé où Dieu avait résolu de donner aux Israélites la terre promise à leurs pères, Moïse, leur législateur, les mena jusqu'à l'entrée de cette terre : Josué les y introduisit, et la partagea entre les douze tribus.

Dieu enfin suscita David, qui en acheva la conquête : la royauté fut établie dans sa famille: Dieu lui promit que le Christ sortirait de lui. Aussi David était-il de la tribu de Juda, dont le Messie devait naître, selon l'oracle de Jacob. David chanta dans ses psaumes les merveilles du Sauveur qui devait venir : il en vit la figure dans la personne de Salomon, son fils et son successeur.

Durant le règne de Salomon le temple fut bâti dans

Jérusalem, et cette sainte cité était la figure de l'Église chrétienne. Salomon ne demeura point fidèle à Dieu, et son royaume fut divisé sous Roboam, son fils et son successeur : une partie du peuple se donna à Jéroboam.

La tribu de Juda resta le chef de ceux qui demeurèrent fidèles. Mais les Juifs eux-mêmes oublièrent souvent le Dieu de leurs pères, et leurs infidélités leur attirèrent divers châtiments.

Jérusalem fut détruite par Nabuchodonosor, le temple réduit en cendres, et tout le peuple mené captif à Babylone. Mais Dieu se souvenait toujours de ses anciennes miséricordes et des promesses qu'il avait faites : ainsi, après soixante-dix ans de captivité, il ramena son peuple dans la terre de Chanaan : Jérusalem fut réparée, et le temple rétabli sur ses ruines. Cyrus, roi de Perse, fut choisi de

Dieu pour accomplir cet ouvrage: Esdras et Néhémias y travaillèrent sous les ordres des rois de Perse.

En ce temps, et durant plusieurs siècles, Dieu ne cessa d'envoyer ses prophètes, qui reprenaient le peuple et fortifiaient les serviteurs de Dieu dans son culte. En même temps ils prédisaient le règne éternel et les souffrances du Messie, et le peuple de Dieu vivait dans cette attente.

Telle est l'histoire abrégée de l'ancien Testament, c'est-à-dire des temps qui s'écoulèrent avant Jésus-Christ.

Environ quatre mille ans après la création, Dieu envoya le Rédempteur, ce Messie promis depuis le commencement du monde et annoncé par un grand nombre de prophètes, qui, éclairés d'une lumière surnaturelle, avaient prédit le temps et les principales circonstances de sa venue.

Ce Rédempteur est le Fils de Dieu, la seconde personne de la sainte Trinité, qui s'incarna dans le sein d'une Vierge, par l'opération du Saint-Esprit, afin de racheter tous les hommes des tourments de l'enfer qu'ils avaient mérités par leurs péchés:

Ce Dieu fait homme s'appelle Jésus-Christ ; il est Dieu et homme tout ensemble, ayant uni la nature divine à la nature humaine dans une seule personne.

Jésus-Christ, après avoir vécu trente ans dans la retraite, se montra aux hommes qu'il venait sauver, et leur prêcha le royaume de Dieu ; leur enseigna, par ses exemples et ses instructions, ce qu'ils devaient faire pour être justes en cette vie, et heureux en l'autre.

Il choisit un grand nombre de disciples pour l'accompagner dans ses prédications; les douze principaux furent nommés Apôtres.

Jésus-Christ prouva sa

divinité par ses miracles; il fit du bien à tous, et mérita à tous les hommes la grâce de la réconciliation avec Dieu, en satisfaisant pour eux à sa justice par ses souffrances et par sa mort sur la croix. Jésus-Christ comme homme a souffert et est mort, et comme Dieu il a donné un mérite infini à ses souffrances.

Quoique Jésus-Christ ait souffert et qu'il soit mort pour l'expiation de nos péchés, nous ne sommes pas pour cela dispensés de faire pénitence, ses mérites n'étant appliqués à ceux qui ont l'usage de la raison, qu'à condition qu'ils s'efforcent eux-mêmes de satisfaire à la justice divine.

Après sa mort son corps fut mis dans un tombeau, et son âme descendit aux Limbes pour délivrer les âmes des justes et leur ouvrir le ciel. Il ressuscita le troisième jour, en réunissant son âme à son corps par sa divine puissance. Jésus-

Christ monta aux cieux quarante jours après, à la vue de tous ses disciples, et le jour de la Pentecôte il leur envoya le Saint-Esprit, qui les remplit de courage et de force.

Peu après, les Apôtres se dispersèrent pour aller, selon l'ordre qu'ils avaient reçu, prêcher l'Évangile, convaincre les peuples de la vérité de leur mission par un grand nombre de miracles, et leur administrer le Baptême. Ils convertirent un grand nombre de Juifs et d'infidèles.

Les empereurs, s'opposant à cette nouvelle loi, firent souffrir d'horribles tourments et la mort même à ceux qui la prêchaient ou qui l'avaient embrassée. Ceux qui endurèrent la mort furent nommés *martyrs*; leur mort convertissait encore un grand nombre de païens, leur sang étant comme une semence de chrétiens. Au bout de trois cents ans, les empereurs et les rois embrassèrent eux-mêmes la religion de Jésus-Christ ; mais plusieurs peuples restèrent dans l'infidélité.

Les personnes qui professent la doctrine de Jésus-Christ forment l'Église, dont les marques distinctives sont l'unité, la sainteté, la catholicité et l'apostolicité.

L'Église est *une* parce qu'elle n'a qu'une foi, qu'un baptême, qu'un seul chef invisible, notre Seigneur Jésus-Christ, et un seul chef visible, notre saint-père le Pape. Elle est *sainte* parce que Jésus-Christ, son chef, est la source et l'auteur de toute sainteté, que sa doctrine et ses sacrements sont saints, et qu'il n'y a de Saints que dans sa société. Elle est *catholique* parce qu'elle s'étend à tous les temps et à tous les lieux. Elle est *apostolique* parce qu'elle vient de Jésus-Christ par les Apôtres, qu'elle est gouvernée par les successeurs des Apôtres, et que sa doctrine est celle des Apôtres.

L'Église est revêtue du pouvoir d'expliquer les paroles de Dieu, de réfuter les innovations des hérétiques, et de remettre les péchés.

Tous ceux qui croient ce que l'Église enseigne, et qui lui obéissent, sont les enfants et les membres de Jésus-Christ, et auront part à la vie éternelle, s'ils persévèrent en cet état.

A la mort de chaque homme, son âme paraît devant Dieu pour être jugée selon ses œuvres, c'est-à-dire qu'elle va en paradis si elle est parfaitement pure, en enfer si elle est coupable de quelque péché mortel, et en purgatoire si elle est coupable de péchés véniels ou si elle n'a pas suffisamment satisfait à la justice divine pour les péchés mortels pardonnés.

A la fin du monde, tous les morts ressusciteront, et Jésus-Christ viendra, plein de gloire, juger tous les hommes par un jugement général, qui confirmera le jugement particulier de chacun.

Après ce jugement, il n'y aura plus de *purgatoire*, c'est-à-dire de lieu de souffrances où les âmes des justes achèvent de se purifier pour aller en paradis, lieu dans lequel tous les justes iront alors en corps et en âme.

Le *paradis* est une vie éternelle, exempte de tous maux, et remplie de tous biens par la possession de Dieu, dont on jouira, qu'on louera et qu'on aimera parfaitement avec les Anges.

Les méchants iront en enfer en corps et en âme. *L'enfer* est un lieu de supplices éternels, où l'on est dans la haine de Dieu ; c'est le séjour des démons.

On appelle bons, ceux d'entre les Chrétiens qui pratiquent fidèlement, en cette vie, la loi de Jésus-Christ. On appelle méchants, tous ceux qui mènent une vie opposée à cette loi, et qui meurent en cet état.

Toutes ces vérités sont contenues dans le *Symbole*, qui est un abrégé de la foi, que les Apôtres composèrent avant de se séparer pour aller prêcher l'Évangile par toute la terre.

Pour aller au ciel, il ne suffit pas d'avoir été membre de l'Église, il faut avoir vécu et être mort chrétiennement.

La vie qu'il faut mener sur la terre se réduit à deux choses : à être détaché du péché et à être attaché à Dieu.

Il faut, pour être détaché du péché, travailler continuellement à le fuir. Pour être attaché à Dieu, il faut pratiquer la vertu.

Le *péché* est tout ce qui déplaît à Dieu. Il y a deux sortes de péchés : le péché originel, que nous avons contracté en Adam et que nous apportons en naissant, et le péché actuel, que nous commettons de notre propre volonté.

Il y a deux sortes de péchés actuels : le péché mortel, c'est-à-dire celui qui est en matière grave, et que l'on commet avec un plein consentement ; et le péché véniel, c'est-à-dire celui que l'on commet en matière légère, ou sans un entier consentement si la matière est considérable.

Il y a sept principaux péchés, qu'on nomme capitaux, parce qu'ils sont la source de plusieurs autres : l'orgueil, l'envie, l'avarice, la gourmandise, la luxure, la colère et la paresse.

Pour être attaché à Dieu,

il faut pratiquer la vertu; il
y a trois vertus principales,
qu'on appelle théologales :
ce sont la *foi*, par laquelle
nous croyons tout ce que
Dieu nous a révélé; l'*espérance*, par laquelle nous at-
tendons les biens qu'il nous
a promis ; et la *charité*, par
laquelle nous aimons Dieu
par-dessus toutes choses,
et notre prochain comme
nous-mêmes pour l'amour
de Dieu. La plus essentielle
de ces vertus est la charité.
On connaît si l'on a la

charité, lorsqu'on observe les commandements de Dieu.

Il y a dix *commandements*; les trois premiers regardent Dieu, et les sept autres le prochain. Le premier nous ordonne de croire en Dieu, d'espérer en lui, de l'aimer de tout notre cœur et de n'adorer que lui seul; le second nous ordonne de respecter le saint Nom de Dieu, et défend le jurement, le blasphème, etc:; le troisième ordonne la sanctification

du Dimanche ; le quatrième
ordonne aux enfants d'aimer
leurs pères et leurs mères, de
les respecter, de leur obéir,
et de les assister dans leurs
besoins ; le cinquième défend d'ôter la vie à son pro-
chain et de se l'ôter à soi-
même ; le sixième défend
toutes les actions extérieu-
res contraires à la pureté ;
le septième défend de prendre ou de retenir le bien
d'autrui ; le huitième défend
les mensonges, la médi-
sance et la calomnie ; le neu-

5*

vième défend les pensées et
les désirs contraires à la pureté; et le dixième, les désirs
du bien d'autrui.

Il y a aussi six *commande-*
ments de l'Église : le premier
ordonne la sanctification
des Fêtes; le second, d'en-
tendre la Messe les jours de
Dimanche et de Fête; le troisième ordonne la confession
annuelle de tous ses péchés;
le quatrième, la communion
pascale; le cinquième, le
jeûne du carême et des
quatre-temps; et le sixième,

l'abstinence de viande le vendredi et le samedi.

En observant tous ces commandements, on arrive au bonheur éternel, pour lequel les hommes ont été créés. Mais nous ne saurions arriver à ce bonheur, ni vivre chrétiennement, par nos propres forces; nous avons besoin pour cela du secours de Dieu. Ce secours s'appelle *Grâce*, et c'est un don tout à fait gratuit que Jésus-Christ nous a mérité par ses souffrances et par sa mort ; Dieu ne le refuse à personne. On le rend inutile en n'y coopérant pas, et on peut l'augmenter par la pratique des moyens que Dieu a établis.

Dieu a établi deux moyens ordinaires d'obtenir la grâce, qui sont les Sacrements et la Prière.

Les *Sacrements* sont des signes sensibles de la grâce invisible de Dieu, institués par Jésus-Christ pour nous sanctifier. Il y en a sept : le *Baptême* nous fait chré-

tiens et efface le péché originel ; la *Confirmation* nous
rend parfaits chrétiens ;
l'*Eucharistie* nous donne le
corps et le sang de Jésus-
Christ ; la *Pénitence* remet
les péchés commis après le
Baptême ; l'*Extrême-Onc-
tion* soulage l'âme et même
le corps des malades en
danger de mort ; l'*Ordre*
consacre les ministres de
l'Église et leur donne le
pouvoir de faire les fonc-
tions sacrées ; le *Mariage*
unit pour toujours les époux,

rend leur union légitime et leur donne la grâce d'y vivre saintement.

La *Prière* est un autre moyen par lequel Dieu nous donne ses grâces; elle est nécessaire à toute la vie chrétienne : c'est par elle que nous rendons hommage à Dieu, et que nous attirons sur nous les secours dont nous avons besoin.

On appelle prière mentale celle qui est produite par le cœur seulement; elle est vocale lorsque de plus elle est exprimée par des paroles; car il faut que la prière mentale soit jointe à la vocale pour que cette dernière soit bonne.

Tout ce que nous pouvons légitimement demander à Dieu, est compris dans la prière que Jésus-Christ nous a enseignée, et qu'on nomme l'Oraison Dominicale.

La prière publique est celle qui se fait au nom de l'Église, c'est l'Office divin, c'est surtout le saint Sacrifice de la Messe.

Dieu avait ordonné, dans l'ancienne Loi, des sacrifices d'animaux ; mais ces sacrifices étaient par eux-mêmes impuissants : ils ne pouvaient tirer leur valeur que du Sacrifice de la Loi nouvelle, dont ils étaient la figure :

Le Sacrifice de la Loi nouvelle a été consommé sur le Calvaire par la mort de Jésus-Christ. On l'appelle le Sacrifice de la Croix. Il est tous les jours continué et représenté, sur l'autel, par le saint Sacrifice de

la Messe, qui est la plus
excellente des prières, la
plus propre à honorer Dieu
et à nous obtenir les grâces,
puisque c'est Jésus-Christ
qui s'offre lui-même à son
Père, sous les espèces du
pain et du vin, par les
mains du Prêtre. Ce divin
Sacrifice a toujours été offert, depuis les Apôtres, pour
les vivants et pour ceux qui
sont morts dans le sein de
l'Église.

C'est une chose bonne et
utile d'invoquer les Saints,

et de les honorer comme les amis de Dieu et nos intercesseurs auprès de Jésus-Christ, et principalement la très-sainte Vierge, qui est la Mère de Dieu, puisque Jésus-Christ son Fils est Dieu. La meilleure prière qu'on puisse lui adresser est la Salutation Angélique.

Outre l'Office divin proprement dit et le saint Sacrifice, qui est l'Office divin par excellence, il se fait dans l'Église d'autres prières, d'autres exercices reli-

gieux, comme les proces-
sions, les bénédictions. On
y annonce aussi la parole
de Dieu dans les catéchis-
mes, les prônes et les ser-
mons. Il faut, en tout, écou-
ter l'Église comme notre
mère, parce qu'elle nous
parle de la part de Dieu.

Tel est l'abrégé de ce
qu'on est obligé de croire
et de pratiquer pour arriver
à la vie éternelle.

En entrant dans l'église.

Divin Jésus, je crois que vous êtes ici présent; je vous adore, je vous loue, je vous reconnais pour mon Créateur et mon Sauveur; j'unis mes humbles adorations à celles que la très-sainte Vierge, les Anges et les Saints vous rendent dans le ciel, et j'offre à la très-adorable Trinité celles que vous lui rendez dans le très-saint Sacrement de l'autel.

Loué....

Notre Père....

Je vous salue....

PRIÈRES

PENDANT LA MESSE

—

Au commencement de la Messe.

FAITES-MOI la grâce, ô mon Dieu, d'entrer dans les dispositions où je dois être pour vous offrir dignement, par les mains du Prêtre, le Sacrifice redoutable auquel je vais assister. Je vous l'offre en m'unissant aux intentions de Jésus-Christ et de son Église, 1° pour ren-

4

dre à votre divine Majesté l'hommage souverain qui lui est dû, 2° pour vous remercier de tous vos bienfaits, 3° pour vous demander avec un cœur contrit la rémission de mes péchés, 4° enfin, pour obtenir tous les secours qui me sont nécessaires pour le salut de mon âme et la vie de mon corps. J'espère toutes ces grâces de vous, ô mon Dieu, par les mérites de Jésus-Christ votre Fils, qui veut bien être lui-même le Prêtre et la victime de ce Sacrifice adorable.

Au Confiteor.

Quoique, pour connaître mes péchés, ô mon Dieu, vous n'ayez pas besoin de ma confession, et que vous lisiez dans mon cœur toutes mes iniquités, je vous les confesse néanmoins à la face du ciel et de la terre; j'avoue que je vous ai offensé par mes pensées, paroles et actions. Mes péchés sont grands, mais vos miséricordes sont infinies. Ayez compassion de moi, ô mon Dieu; souvenez-vous que je suis votre enfant, l'ouvrage de vos mains, et le prix de votre sang. Vierge sainte, Anges du ciel, Saints et Saintes du paradis, priez pour nous; et pendant que nous gémissons dans cette vallée de misères et de larmes, demandez grâce pour nous, et obtenez-nous le pardon de nos péchés.

A l'Introït.

SEIGNEUR, qui avez inspiré aux Patriarches et aux Prophètes des désirs si ardents de voir descendre votre Fils unique sur la terre, donnez-moi quelque portion de cette sainte ardeur, et faites que, malgré les embarras de cette vie mortelle, je ressente en moi un saint empressement de m'unir à vous.

Au KYRIE ELEISON.

JE vous demande, ô mon Dieu, *par des gémissements et des soupirs réitérés*, que vous me fassiez miséricorde ; et quand je vous dirais à tous les moments de ma vie : *Seigneur, ayez pitié de moi*, ce ne serait pas encore assez

pour le nombre et pour l'é-
normité de mes péchés.

Au Gloria in excelsis.

La gloire que vous méri-
tez, ô mon Dieu, ne vous
peut être dignement rendue
que dans le ciel; mon cœur
fait néanmoins ce qu'il peut
sur la terre, au milieu de son
exil : il vous loue, il vous
bénit, il vous adore, il vous
glorifie, il vous rend grâces,
et vous reconnaît pour le
Saint des saints, et pour le
seul Seigneur souverain du
ciel et de la terre, en trois

personnes, Père, Fils, et Saint-Esprit.

Aux Oraisons.

RECEVEZ, Seigneur, les prières qui vous sont adressées pour nous; accordez-nous les grâces et les vertus que l'Église, notre mère, vous demande par la bouche du Prêtre en notre faveur. Il est vrai que nous ne méritons pas d'être exaucés; mais considérez que nous vous demandons ces grâces par Jésus-Christ votre Fils, qui vit et règne

avec vous dans tous les siècles des siècles. Ainsi soit-il.

Pendant l'Épître.

C'est vous, Seigneur, qui
avez inspiré aux Prophètes
et aux Apôtres les vérités
qu'ils nous ont laissées par
écrit; faites-moi part de
leurs lumières, et allumez
en mon cœur ce feu sacré
dont ils ont été embrasés,
afin que, comme eux, je vous
aime et je vous serve sur la
terre, tous les jours de ma
vie.

A l'Évangile.

Je me lève, ô souverain Législateur, pour marquer que je suis prêt à défendre aux dépens de tous mes intérêts et de ma vie même, les grandes vérités qui sont contenues dans le saint Évangile. Donnez-moi, Seigneur, autant de force pour accomplir votre divine parole, que vous m'inspirez de fermeté pour la croire.

Symbole de Nicée.

JE crois en un seul Dieu, le Père tout-puissant, qui a fait le ciel et la terre, et toutes les choses visibles et invisibles; et en un seul Seigneur Jésus-Christ, Fils unique de Dieu; qui est né du Père avant tous les siècles; Dieu de Dieu, lumière de lumière, vrai Dieu du vrai Dieu; qui n'a pas été fait, mais engendré consubstantiel au Père; par lequel toutes choses ont été faites; qui est descendu des cieux pour nous, hommes misérables, et pour notre salut; qui s'est incarné en prenant chair de la Vierge Marie par l'opération du Saint-Esprit, ET S'EST FAIT HOMME; qui a été aussi crucifié pour nous sous Ponce-Pilate; qui a souffert, et a été mis dans le sépulcre; qui est ressuscité le troisième jour selon les Écritures; qui est monté au ciel, qui est assis à la droite du Père; qui viendra de nouveau, plein de gloire, juger les vivants et les morts, et dont le règne n'aura point de fin. Je crois au Saint-Esprit, qui est aussi Seigneur et qui donne la vie, qui procède du Père et du Fils; qui est adoré et glorifié conjointement avec le Père et le Fils; qui a parlé par les Prophètes. Je crois l'Église qui est une, sainte, catholique et apostolique. Je confesse qu'il y a un baptême pour la rémission des péchés, et j'attends la résurrection des morts, et la vie du siècle à venir. Ainsi soit-il.

A l'Offertoire.

QUOIQUE je ne sois qu'une créature mortelle et pécheresse, je vous offre, par les mains du Prêtre, ô vrai Dieu vivant et éternel, ce pain et ce vin, qui doivent être changés au Corps et au Sang de Jésus-Christ votre Fils. Recevez, Seigneur, ce sacrifice ineffable en odeur de suavité, et souffrez que j'unisse à cette oblation sainte le sacrifice que je vous fais de mon corps, de mon âme, et de tout ce

qui m'appartient. Changez-
moi, ô mon Dieu, en une
nouvelle créature, comme
vous allez changer, par votre
puissance, ce pain et ce
vin.

Au Lavabo.

LAVEZ-MOI, Seigneur,
dans le sang de l'Agneau
qui va vous être immolé,
et purifiez jusqu'aux moin-
dres souillures de mon âme,
afin qu'en approchant de
votre saint autel, je puisse
élever vers vous des mains
pures et innocentes, comme
vous me l'ordonnez.

Pendant la Secrète.

RECEVEZ, ô mon Dieu, le sacrifice qui vous est offert pour l'honneur et la gloire de votre saint nom, pour notre propre avantage, et pour celui de votre sainte Église. C'est pour entrer dans ces intentions que je vous demande toutes les grâces qu'elle vous demande maintenant par le ministère du Prêtre auquel je m'unis, pour les obtenir de votre divine bonté, par Jésus-Christ notre Seigneur.

A la Préface.

DÉTACHEZ-NOUS, Seigneur, de toutes les choses d'ici-bas; élevez nos cœurs vers le ciel; attachez-les à vous seul, et souffrez qu'en vous rendant les louanges et les actions de grâces qui vous sont dues, nous unissions nos faibles voix aux concerts des Esprits bienheureux, et que nous disions, dans le lieu de notre exil, ce qu'ils chantent dans le séjour de la gloire : *Saint, Saint, Saint est le Seigneur, le Dieu des armées : qu'il soit glorifié au plus haut des cieux.*

Après le Sanctus.

Père éternel, qui êtes le souverain Pasteur des pasteurs, conservez et gouvernez votre Église; sanctifiez-la, et répandez-la par toute la terre; unissez tous ceux qui la composent, dans un même esprit et un même cœur; bénissez notre saint-père le Pape, notre Prélat, notre Pasteur, notre Empereur, sa famille et tous ceux qui sont dans la foi de votre Église.

Au premier MEMENTO.

JE vous supplie, ô mon Dieu, de vous souvenir de mes parents, de mes amis, de mes bienfaiteurs spirituels et temporels. Je vous recommande aussi de tout mon cœur mes ennemis et tous ceux dont je pourrais avoir reçu quelque mauvais traitement : oubliez leurs péchés et les miens, donnez-leur part aux mérites de ce divin sacrifice, et comblez-les de vos bénédictions en ce monde et en l'autre.

A l'Elévation de la sainte Hostie.

O JÉSUS, mon Sauveur, vrai Dieu et vrai homme, je crois fermement que vous êtes réellement présent dans la sainte Hostie. Je vous y adore de tout mon cœur, comme mon Seigneur et mon Dieu. Donnez-moi, et à tous ceux qui sont ici présents, la foi, la religion et l'amour que nous devons avoir pour vous dans ce mystère adorable.

A l'Élévation du Calice.

J'ADORE en ce Calice, ô mon divin Jésus, le prix de ma rédemption et de celle de tous les hommes. Laissez couler, Seigneur, une goutte de ce sang adorable sur mon âme, afin de la purifier de tous ses péchés, et de l'embraser du feu sacré de votre amour.

Après l'Élévation.

CE n'est plus du pain et du vin, c'est le Corps adorable et le précieux Sang de Jésus-Christ votre Fils, que nous vous offrons, ô mon Dieu, en mémoire de sa Passion; de sa Résurrection et de son Ascension: recevez-le, Seigneur, et, par ses mérites infinis; remplissez-nous de vos grâces et de votre amour.

Au second Memento.

Souvenez-vous aussi; Seigneur, des âmes qui sont dans le purgatoire; elles ont l'honneur de vous appartenir, et bientôt elles vous posséderont. Je vous

recommande particulière-
ment celles de mes parents,
de mes amis et de mes bienfaiteurs spirituels et temporels, et celles qui ont le plus
besoin de prières.

Au Pater.

Quoique je ne sois qu'une
misérable créature, cependant, grand Dieu, je prends
la liberté de vous appeler
mon Père, puisque vous le
voulez. Faites-moi la grâce,
ô mon Dieu, de ne point
dégénérer de la qualité de
votre enfant, et ne per-

mettez pas que je fasse jamais rien qui en soit indigne. Que votre saint nom soit sanctifié par tout l'univers. Régnez dès à présent dans mon cœur, par votre grâce; afin que je puisse régner éternellement avec vous dans la gloire, et faire votre volonté sur la terre; comme les Saints la font dans le ciel. Vous êtes mon Père : donnez-moi donc, s'il vous plaît, ce pain céleste dont vous nourrissez vos enfants. Pardonnez-moi, comme je pardonne de bon cœur, pour l'amour de vous, à tous ceux qui m'auraient offensé ; et ne permettez pas que je succombe jamais à aucune tentation ; mais faites que, par le secours de votre grâce, je triomphe de tous les ennemis de mon salut.

A l'Agnus Dei.

Agneau de Dieu, qui avez bien voulu vous charger des péchés du monde, ayez pitié de nous. Seigneur, vos miséricordes sont infinies, effacez donc nos péchés ;

et donnez-nous la paix avec nous-mêmes et avec notre prochain, en nous inspirant une profonde humilité, et en étouffant en nous tout désir de vengeance.

Au DOMINE NON SUM DIGNUS.

HÉLAS! Seigneur, il n'est que trop vrai que je ne mérite pas de vous recevoir; je m'en suis rendu tout à fait indigne par mes péchés; je les déteste de tout mon cœur, parce qu'ils vous déplaisent et qu'ils m'éloignent de vous. Une seule de vos paroles

4*

peut guérir mon âme : ne l'abandonnez pas, ô mon Dieu, et ne permettez pas qu'elle soit jamais séparée de vous.

A la Communion du Prêtre.

Si je n'ai pas aujourd'hui le bonheur d'être nourri de votre chair adorable, ô mon aimable Jésus, souffrez au moins que je vous reçoive d'esprit et de cœur, et que je m'unisse à vous par la foi, par l'espérance et par la charité. Je crois en vous, ô mon Dieu, j'espère en vous, et je vous aime de tout mon cœur.

Quand le Prêtre ramasse les particules de l'Hostie.

La moindre partie de vos grâces est infiniment précieuse, ô mon Dieu. Je l'ai dit : Je ne mérite pas d'être assis à votre table comme votre enfant; mais permettez-moi au moins de ramasser les miettes qui en tombent, comme la Chananéenne le désirait; faites que je ne néglige aucune de vos inspirations, puisque cette négligence pourrait vous

obliger à m'en priver entièrement.

Pendant les dernières Oraisons.

TRÈS - SAINTE et très - adorable Trinité, Père, Fils, et
Saint-Esprit, qui êtes un seul
et vrai Dieu en trois personnes, c'est par vous que
nous avons commencé ce
sacrifice, c'est par vous que
nous le finissons : ayez-le
pour agréable, et ne nous
renvoyez pas sans nous avoir
donné votre sainte bénédic-
tion.

Évangile selon saint Jean.

Au commencement était le Verbe, et le Verbe était en Dieu, et le Verbe était Dieu. Il était au commencement en Dieu. Toutes choses ont été faites par lui, et rien de ce qui a été fait n'a été fait sans lui. La vie était en lui, et la vie était la lumière des hommes, et la lumière luit dans les ténèbres, et les ténèbres ne l'ont point comprise. Il y eut un homme envoyé de Dieu qui s'appelait Jean. Il vint pour servir de témoin, pour rendre témoignage à la lumière, afin que tous crussent par lui. Il n'était pas la lumière, mais il était venu pour rendre témoignage à la lumière. La véritable lumière était celle qui éclaire tout homme venant en ce monde. Il était dans le monde, et le monde a été fait par lui, et le monde ne l'a point connu. Il est venu dans son propre héritage, et les siens ne l'ont point reçu. Mais il a donné le pouvoir de devenir enfants de Dieu à tous ceux qui l'ont reçu, et qui croient en son nom, et qui ne sont pas nés du sang, ni des désirs de la chair, ni de la volonté de l'homme, mais de Dieu. ET LE VERBE S'EST FAIT CHAIR, et il a habité parmi nous (et nous avons vu sa gloire telle que celle du Fils unique du Père), étant plein de grâce et de vérité.

Après la Messe.

DIVIN Sauveur, par qui toutes choses ont été faites, et qui, vous étant fait homme pour l'amour de nous, avez

institué cet auguste sacrifice, nous vous remercions
très-humblement de nous
avoir fait la grâce d'y assister
aujourd'hui. Que tous les
Anges et tous les Saints vous
en louent à jamais dans le
ciel. Pardonnez-moi, ô mon
Dieu, la dissipation où j'ai
laissé aller mon esprit, et la
froideur que j'ai ressentie en
mon cœur dans un temps
où il devait être tout occupé
de vous, et tout embrasé
d'amour pour vous. Oubliez,
Seigneur, mes péchés, pour
lesquels Jésus-Christ votre

Fils vient d'être immolé sur cet autel : ne permettez pas que je sois assez malheureux pour vous offenser davantage ; mais faites que , marchant dans les voies de la justice, je vous regarde sans cesse comme la règle et la fin de toutes mes pensées ; de toutes mes paroles et de toutes mes actions. Ainsi soit-il.

LES COMMANDEMENTS DE DIEU.

1. Un seul Dieu tu adoreras,
   Et aimeras parfaitement.

2. Dieu en vain tu ne jureras,
   Ni autre chose pareillement.

3. Les Dimanches tu garderas,
   En servant Dieu dévotement.

4. Tes Père et Mère honoreras,
   Afin de vivre longuement.

5. Homicide point ne seras,
   De fait ni volontairement.

6. Luxurieux point ne seras,
   De corps ni de consentement.

7. Le bien d'autrui tu ne prendras,
   Ni retiendras à ton escient.

8. Faux témoignage ne diras,
   Ni mentiras aucunement.

9. L'œuvre de chair ne désireras,
   Qu'en mariage seulement.

10. Biens d'autrui ne convoiteras,
    Pour les avoir injustement.

LES COMMANDEMENTS DE L'ÉGLISE

1. LES Fêtes tu sanctifieras
Qui te sont de commandement.

2. Les Dimanches, la Messe ouïras,
Et les Fêtes pareillement.

3. Tous tes péchés confesseras,
A tout le moins une fois l'an.

4. Ton Créateur tu recevras,
Au moins à Pâques humblement.

5. Quatre-Temps, Vigiles jeûneras,
Et le Carême entièrement.

6. Vendredi chair ne mangeras,
Ni le samedi mêmement.

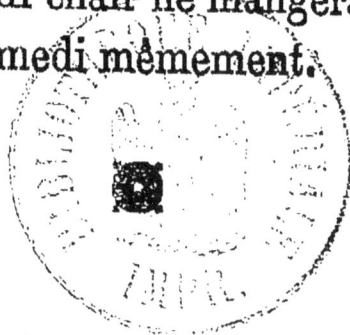

Tours, Imp. Mame.

✾

A la religion soyez toujours fidèle ;
On ne sera jamais honnête homme sans elle.

✾